Clasificación animal
Insectos

por Erica Donner

Bullfrog Books

Ideas para padres y maestros

Bullfrog Books permite a los niños practicar la lectura de texto informacional desde el nivel principiante. Repeticiones, palabras conocidas y descripciones en las imágenes ayudan a los lectores principiantes.

Antes de leer

- Hablen acerca de las fotografías. ¿Qué representan para ellos?
- Consulten juntos el glosario de fotografías. Lean las palabras y hablen de ellas.

Durante la lectura

- Hojeen a través del libro y observen las fotografías. Deje que el niño haga preguntas. Muestre las descripciones en las imágenes.
- Lea el libro al niño, o deje que él o ella lo lea independientemente.

Después de leer

- Anime a que el niño piense más. Pregúntele: ¿Ya conocías algunos de estos insectos?

Bullfrog Books are published by Jump!
5357 Penn Avenue South
Minneapolis, MN 55419
www.jumplibrary.com

Library of Congress Cataloging-in-Publication Data

Names: Donner, Erica, author.
Title: Insectos / por Erica Donner.
Other titles: Insects. Spanish
Description: Minneapolis, MN: Jump!, Inc., [2017]
Series: Clasificación animal
"Bullfrog Books are published by Jump!"
Audience: Ages 5-8. | Audience: K to grade 3.
Includes bibliographical references and index.
Identifiers: LCCN 2016044780 (print)
LCCN 2016045916 (ebook)
ISBN 9781620316382 (hard cover: alk. paper)
ISBN 9781620316443 (pbk.)
ISBN 9781624965289 (e-book)
Subjects: LCSH: Insects—Juvenile literature.
Classification: LCC QL467.2 .F7518 2017 (print)
LCC QL467.2 (ebook) | DDC 595.7—dc23
LC record available at https://lccn.loc.gov/2016044780

Editor: Kirsten Chang
Book Designer: Molly Ballanger
Photo Researcher: Molly Ballanger
Translator: RAM Translations

Photo Credits: All photos by Shutterstock except: Alamy, 10, 16, 18–19, 23tr; Alexander Wild, 4, 5, 6–7; Getty, 20–21; Minden Pictures, 8, 10–11, 23tl.

Printed in the United States of America at Corporate Graphics in North Mankato, Minnesota.

Tabla de contenido

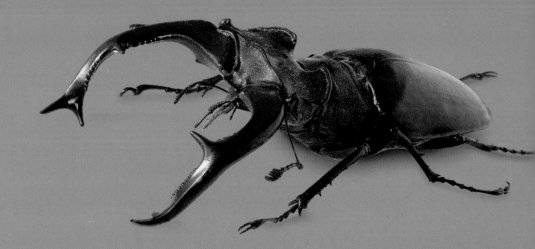

Muchas patas

¡Mira! ¿Qué es eso?

¡Una hormiga!
La hormiga es
un tipo de insecto.

cabeza

tórax

abdomen

¿Cómo los reconoces?

Mira su cuerpo.

El cuerpo de
un insecto tiene
tres partes.

La avispa también es un insecto.

Mira sus patas.

Los insectos tienen tres pares de patas.

pares de patas

Los insectos ponen huevos.

¡Mira! Huevos de mosca.

Pronto eclosionarán.

huevos

Los insectos tienen
cuerpos duros. ¿Por qué?

¡Sus esqueletos
son externos!

Los insectos
tienen antenas.

¡Mira! Las antenas
ayudan a una polilla
a sentir cosas.

antenas

Algunos insectos brincan.
El grillo es un insecto.

Algunos insectos vuelan.

La abeja es un insecto.

Algunos insectos nadan.
El escarabajo de
agua es un insecto.

¡Los insectos son geniales!

21

¿Qué le hace ser un insecto?

antena
Los insectos tienen dos antenas, las cuales usan para sentir su ambiente.

alas
Algunos insectos tienen alas; la mayoría de los insectos alados tienen dos pares de alas.

esqueleto
Los insectos tienen esqueletos en la parte exterior de su cuerpo.

patas
Los insectos tienen seis patas, agrupadas en tres pares.

Glosario con fotografías

eclosionar
Nacer de
un huevo.

grillo
Insecto que salta
relacionado al
saltamontes; los
machos usan sus
alas para chirriar.

escarabajo
Un tipo de insecto
con dos pares de
alas, uno de ellos
es duro y cubre
al segundo par.

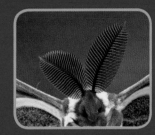

sentir
Descubrir a través
de los sentidos,
tales como el olfato,
el gusto y el tacto.

Índice

Para aprender más

Aprender más es tan fácil como 1, 2, 3.

1) Visite www.factsurfer.com

2) Escriba "insectos" en la caja de búsqueda.

3) Haga clic en el botón "Surf" para obtener una lista de sitios web.

Con factsurfer.com, más información está a solo un clic de distancia.